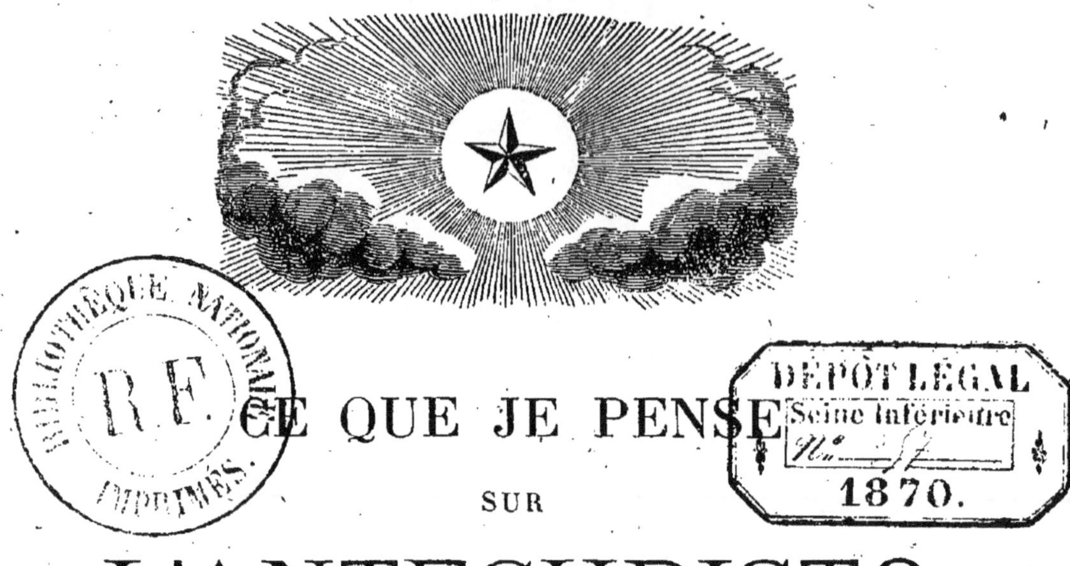

CE QUE JE PENSE

SUR

L'ANTECHRIST?

RÉPONSE

A MON AMI *****.

Num quid in æternum projiciet Deus?
aut non apponet ut complacitior sit adhuc.

—

Croirai-je que Dieu nous a rejetés pour
toujours, qu'il ne se dispose pas à s'apaiser
envers nous?

PSAL. 76.

DIEPPE

IMPRIMERIE D'EMILE DELEVOYE

—

1870

Le 15 *novembre* 1870.

MON CHER AMI,

La soudaineté de cette question de votre lettre d'hier :

« Que pensez-vous de l'Antechrist, né il y a 16 ans ? » me porte à croire que vous avez entendu souffler quelque vent de doctrine sur la fin du monde, s'annonçant au fond de l'antre ténébreux où nous gisons.

Je ne saurais vous dire rien de positif à ce sujet. Cependant :

La figure exécrable de l'Antechrist peut se voir aujourd'hui dans la personne infâme de Napoléon III, qui réunit tous les traits du Monstre nommé et annoncé pour la fin des temps. Car, pour la fin des temps, le malheureux qui, selon l'Ecriture, viendra pour corrompre les fidèles, ne pourra résumer en lui plus d'aptitude pour cette œuvre infernale, et ne pourra réussir mieux que Napoléon III, dans l'exécution du grand désastre moral précurseur de la fin de tout.

J'ai l'œil ouvert depuis dix-huit ans sur les actes de l'Empereur, et je puis d'autant mieux me croire son censeur attentif, que mon travail sur les causes de nos malheurs, révèle un ensemble d'idées et de découvertes à son égard pour la démoralisation des cœurs et l'anéantissement de la foi, que personne de ceux qui en ont déjà pris connaissance n'a pu m'en cacher sa surprise et son approbation.

J'ai donc étudié et pesé tous ses actes et je n'ai pu en découvrir un seul, quel qu'en fût la nature, qui ne fût hypocrite, immoral, impie, et qui pût être rejeté par l'Antechrist pour vérifier la suprême prophétie.

Si donc Napoléon III est véritablement l'Antechrist, le Soleil perdra bientôt sa lumière et les étoiles du firmament ne tarderont pas à s'entre-choquer comme le blé dans le van du laboureur.

Mais quoique le pire de tous les monstres qui ont désolé la terre (y compris Néron), peut-être Napoléon III passera-t-il, ainsi que les autres monstres, sans être celui qui doit précéder immédiatement le très-grand et dernier cataclysme de l'univers.

Je vois dans les événements qui nous ont d'abord étonnés et dans ceux qui nous désolent, l'accomplissement parfait des châtiments promis par le législateur Moïse, aux peuples prévaricateurs de la Loi de Dieu.

Et voici ce que dit ce grand Prophète :

« Que si vous ne voulez point écouter la voix du
« Seigneur votre Dieu, et que vous ne gardiez pas
« toutes ses ordonnances et les cérémonies que je
« vous prescris aujourd'hui, toutes ces malédictions
« fondront sur vous et vous accableront :

« Vous serez maudit dans la ville et vous serez
« maudit dans les champs.

« Votre grenier sera maudit et les fruits que vous
« y aurez mis en réserve seront maudits.

« Vos enfants et les fruits de votre terre seront
« maudits aussi bien que vos troupeaux de bœufs et
« vos troupeaux de brebis.

« Vous serez maudit au commencement et à la fin
« de toutes vos actions.

« Le Seigneur enverra parmi vous l'indigence et
« la famine, et il répandra sa malédiction sur vos
« travaux jusqu'à ce qu'il vous réduise en poudre
« et qu'il vous extermine en peu de temps, à cause
« des actions pleines de malice par lesquelles vous
« l'aurez abandonné.

« Le Seigneur vous frappera de misère et de pau-
« vreté, de froid, d'une chaleur brûlante, de corrup-
« tion d'air, et il vous poursuivra jusqu'à ce que
« vous périssiez.

« Le Ciel qui est au-dessus de vous sera d'airain,
« et la terre sur laquelle vous marcherez sera de
« fer.

« Le Seigneur vous fera tomber devant vos en-
« nemis; vous marcherez par un seul chemin contre
« eux, et vous fuirez par sept, vous serez dispersés
« dans tous les royaumes de la terre.

« Vos corps après votre mort serviront de nour-

« riture à tous les oiseaux du ciel et à toutes les
« bêtes de la terre sans que personne se mette en
« peine de les chasser.

« Le Seigneur vous frappera de frénésie, d'aveu-
« glement et de fureur.

« En sorte que vous marcherez à tâtons en plein
« midi, comme l'aveugle a accoutumé de faire étant
« tout entouré dans les ténèbres, et que vous ne
« réussirez point en ce que vous aurez entrepris.

« Vous serez opprimé en tout temps par des in-
« justices et des violences, sans que vous ayez per-
« sonne pour vous délivrer.

« Vous bâtirez une maison et vous ne l'habiterez
« point : vous planterez une vigne et vous n'en re-
« cueillerez point le fruit.

« Votre bœuf sera immolé devant vous et vous n'en
« mangerez point ; votre âne vous sera ravi devant
« vos yeux et on ne vous le rendra point ; vos brebis
« seront livrées à vos ennemis et personne ne se
« mettra en peine de vous secourir.

« Vos fils et vos filles seront livrés à un peuple
« étranger ; vos yeux le verront et seront tout des-
« séchés par la vue continuelle de leur misère : et
« vos mains se trouveront sans aucune force pour
« les délivrer.

« Un peuple qui vous sera inconnu dévorera tout

« ce que votre terre avait produit et tout le fruit de
« vos travaux.

« Et vous demeurerez comme interdit et hors de
« vous par la frayeur des choses que vous verrez de
« vos yeux.

« Le Seigneur vous emmènera, vous et votre ROI
« que vous avez établi sur vous, parmi un peuple
« que vous aurez ignoré, vous et vos pères ; et vous
« adorerez là des dieux étrangers.

« Vous serez dans la dernière misère, et comme
« le jouet et la fable de tous les peuples, dans le
« pays desquels le Seigneur vous aura conduit.

« Vous sèmerez beaucoup de grain dans votre
« terre et vous en recueillerez peu, parce que les
« sauterelles mangeront tout.

« Vous aurez des fils et des filles et vous n'aurez
« pas la joie de les posséder, parce qu'ils seront
« emmenés captifs.

« L'étranger qui est avec vous dans votre pays,
« s'élèvera au-dessus de vous et deviendra plus puis-
« sant : et pour vous vous descendrez et vous se-
« rez au-dessous de lui.

« Ce sera lui qui vous prêtera et vous ne lui prê-
« terez point. Il sera lui-même à la tête et vous ne
« marcherez qu'après lui.

« Toutes ces malédictions fondront sur vous et
« elles vous accableront jusqu'à ce que vous péris-

« siez, parce que vous n'avez point écouté la voix du
« Seigneur votre Dieu, ni observé ses ordonnances
« et les cérémonies qu'il vous a prescrites.

« Ces malédictions, dis-je, demeureront à jamais
« sur vous et sur votre postérité comme une mar-
« que étonnante de la colère de Dieu sur vous.

« Parce que vous n'aurez point servi le Seigneur
« votre Dieu, avec la reconnaissance et la joie du
« cœur que demandait cette abondance que vous
« possédiez de toutes choses.

« Vous deviendrez l'esclave d'un ennemi que le
« Seigneur vous enverra ; vous le servirez dans la
« faim, dans la soif, dans la nudité et dans le besoin
« de toute chose, et il vous fera porter un joug de
« fer jusqu'à ce que vous en soyez écrasé.

« Le Seigneur fera venir d'un pays reculé, un
« peuple qui fondra sur vous comme un aigle fond
« sur sa proie et dont vous ne pourrez entendre la
« langue.

« Un peuple fier et insolent qui ne sera touché ni
« de respect pour les vieillards, ni de pitié pour les
« plus petits enfants.

« Il dévorera tout ce qui naîtra de vos bestiaux,
« et tous les fruits de votre terre jusqu'à ce que
« vous périssiez : il ne vous laissera ni blé, ni vin,
« ni huile, ni troupeaux de bœufs, ni troupeaux de
« brebis jusqu'à ce qu'il vous détruise.

« Il vous réduira en poudre dans toutes vos villes,
« et vos murailles si fortes et si élevées, où vous
« avez mis votre confiance, tomberont dans toute
« l'étendue de votre pays : vous demeurerez assiégé
« dans toutes les villes que le Seigneur votre Dieu
« vous aura données.

« Et vous mangerez la chair de vos propres en-
« fants, tant sera extrême la misère où vos enne-
« mis vous auront réduit.

« Si vous ne gardez et n'accomplissez les paroles
« de la Loi du Seigneur votre Dieu, et si vous ne
« craignez celui dont le nom est glorieux et terri-
« ble, c'est-à-dire le Seigneur votre Dieu, le Sei-
« gneur augmentera de plus en plus vos plaies et les
« plaies de vos enfants.

« Le Seigneur fera fondre encore sur vous toutes
« les langueurs et toutes les plaies qui ne sont point
« écrites dans le livre de cette loi, jusqu'à ce qu'il
« vous réduise en poudre.

« Et vous demeurerez un très-petit nombre
« d'hommes, vous qui vous étiez multipliés aupara-
« vant comme les étoiles du ciel, parce que vous
« n'avez point écouté la voix du Seigneur votre
« Dieu.

« Et comme le Seigneur avait pris plaisir aupara-
« vant à vous combler de biens et à vous multiplier

« de plus en plus ; ainsi il prendra plaisir à vous dé-
« truire et à vous exterminer.

« Le Seigneur vous dispersera parmi les peuples
« étrangers ; alors vous n'aurez aucun repos, ni
« même où asseoir en paix la plante de votre pied :
« car le Seigneur vous donnera un cœur toujours
« agité de crainte, des yeux languissants et une âme
« toute abymée dans la douleur.

« Votre vie sera comme en suspens devant vous :
« vous tremblerez nuit et jour et vous ne croirez
« pas à votre vie.

« Vous direz le matin : qui me donnera de voir le
« soir ? et le soir : qui me donnera de voir le matin ?
« tant votre cœur sera saisi d'épouvante, tant la vue
« des choses qui se passeront devant vos yeux vous
« effraiera. »

Voilà, mon cher ami, l'épouvantable chapitre
XXVIII du Deutéronome, qui n'est que notre déso-
lante histoire d'aujourd'hui comme celle d'hier et
celle de demain :

Malgré cette prodigieuse et sinistre prophétie que
nous voyons s'accomplir à la lettre après trente-
quatre siècles de sa promulgation, peut-être Dieu
s'apaisera-t-il pour rendre aux quelques hommes qui
survivront, la paix et ses bénédictions.

Mais que pourrons-nous espérer si nous rappro-
chons étroitement du chapitre XLVII de l'Evangile

selon saint Matthieu : 1° le rôle d'Antechrist si complétement joué par Napoléon III ; 2° l'état moral du monde ; 3° les événements désastreux qui en ce moment nous dévorent ? Ne pourrons-nous pas voir, sous ce néfaste et gigantesque assemblage de faits navrants, poindre de sombres nuées par delà les horizons des mers, s'avançant menaçantes de l'écrasante majesté du Fils de l'homme pour peser sur les plaines mobiles de tous les océans, les enfler de leurs souffles furibonds et les pousser au courroux formidable qui doit renverser et franchir toutes leurs limites pour engloutir la terre ?

Voyons ensemble ce terrible et divin chapitre. Et, en regard de chacune de ses stances chargées des éclairs et des tonnerres de l'éternelle justice, osons fixer nos yeux sur les faits qui semblent annoncer la fin prochaine du monde.

CHAPITRE XLVII

DE L'ÉVANGILE SELON SAINT MATTHIEU.

« En ce temps-là, Jésus dit à ses disciples :

« La Foi ayant fait naufrage, beaucoup failliront,
« se livreront, et se haïront les uns les autres.

COUP D'OEIL SUR LES FAITS DU TEMPS.

La Foi, cet arbre colossal sur lequel se sont nourris et reposés les peuples, est morte : il n'en reste que des rameaux épars que le temps ne saurait tarder à détruire en rejetant la terre dans l'horrible cahos qui précéda la lumière et la vie.

Les défaillances de l'honneur et de la vertu sont à leur comble ; la haine et les trahisons encombrent l'air et ont abîmé les sociétés.

SUITE DE L'ÉVANGILE.

« Et plusieurs faux prophètes s'élèveront et beau-
« coup seront séduits par eux. Et comme l'iniquité
« aura abondé, la charité se refroidira dans un
« grand nombre.

SUITE DU COUP D'OEIL SUR LES FAITS DU TEMPS.

Les faux prophètes, les propagateurs de l'erreur et du mensonge se sont élevés comme les nuées de sauterelles de l'Egypte et de la malheureuse Afrique; et beaucoup se sont laissé séduire par eux, se laissant entraîner dans les plus odieuses aberrations de l'esprit et dans les stupides systèmes de la libre pensée. L'iniquité abonde...... la charité est glacée.

SUITE DE L'ÉVANGILE.

« Mais celui qui persévérera jusqu'à la fin sera
« récompensé.

SUITE DU COUP D'OEIL SUR LES FAITS DU TEMPS.

Le terme est proche :
Courage et persévérance !

SUITE DE L'ÉVANGILE.

« Et quand l'Evangile du Royaume de Dieu aura
« été prêché dans le monde entier, et en témoignage
« à toutes les nations, alors arrivera la fin.

SUITE DU COUP D'OEIL SUR LES FAITS DU TEMPS.

L'Evangile du Royaume de Dieu a été prêché sur tous les points du monde : il a été donné en témoignage à toutes les nations . . . . pourquoi ne toucherions-nous pas à la fin?

SUITE DE L'ÉVANGILE.

« Or, lorsque vous verrez Jérusalem investie par
« une armée, sachez que sa destruction est proche.

SUITE DU COUP D'OEIL SUR LES FAITS DU TEMPS.

Rome, la Jérusalem chrétienne, est investie par une armée ; et le monde entier proclame sa prochaine destruction.

—
—
—
—
—
—
—
—
—
—
—
—
—
—
—
—
—
—
—

SUITE DE L'ÉVANGILE.

« Et lorsque vous verrez s'élever dans le Lieu-
« Saint l'abomination de la désolation prédite par
« le prophète Daniel, alors que ceux qui sont dans
« la Judée fuient vers les montagnes ; que ceux qui
« sont dans la ville se retirent ; et que ceux qui
« sont dans les régions voisines n'y entrent point.

SUITE DU COUP D'OEIL SUR LES· FAITS DU TEMPS.

Nous avons la douleur· de voir s'élever dans le Lieu-Saint l'abomination de la désolation prédite par le prophète Daniel : Le Temple sacré est profané par la présence impie des innombrables enfants rebelles de l'Église, n'y apportant qu'un cœur corrompu, des intentions profanes et criminelles, et s'y livrant au sarcasme et à l'ironie contre la Loi de Dieu.

La conscience publique souffre et crie vengeance en voyant l'oint du Seigneur lui-même descendu au paroxysme de la mondanité, de la dépravation, du luxe, de la sensualité, des dernières faiblesses et de l'endurcissement du cœur, inonder d'horribles sacriléges l'autel et les cieux. . . . .
. . . . !

A l'approche d'innombrables armées de barbares hérétiques, les habitants des villes sortent et s'éloignent de leurs murs ; ceux qui habitent les campagnes s'enfuient se cacher dans les grottes obscures des montagnes.

SUITE DE L'ÉVANGILE.

« Et que celui qui est sur le toit ne descende point
« dans sa maison pour en emporter quoi que ce
« soit : Et que celui qui est dans les champs ne
« revienne pas pour reprendre son vêtement.

SUITE DU COUP D'OEIL SUR LES FAITS DU TEMPS.

Les feuilles publiques sont remplies de faits répondant à ce conseil du Christ jetant son divin regard sur la malheureuse France de nos jours.

—
—
—
—
—
—
—
—
—
—
—
—
—
—
—
—
—
—
—
—

SUITE DE L'ÉVANGILE.

« Parce que ces jours seront les jours de la ven-
« geance, afin que tout ce qui est écrit s'accom-
« plisse.

SUITE DU COUP D'OEIL SUR LES FAITS DU TEMPS.

Qui pourrait s'inscrire contre l'autorité de cette parole?

SUITE DE L'ÉVANGILE.

« Et il y aura de grands maux sur la terre, et la
« colère sera sur le peuple.

SUITE DU COUP D'OEIL SUR LES FAITS DU TEMPS.

Et de grands maux sont venus inopinément fondre sur la terre. Et le peuple s'affaisse et périt sous la colère du Tout-Puissant.

—
—
—
—
—
—
—
—
—
—
—
—
—
—
—
—
—
—
—
—

SUITE DE L'ÉVANGILE.

« Et ils tomberont sous le tranchant du glaive, et
« ils seront emmenés captifs dans tous les pays.

SUITE DU COUP D'OEIL SUR LES FAITS DU TEMPS.

Et nos fils et nos frères tombent sous le tranchant du glaive et par la mitraille comme l'herbe sous la faux ; et ils sont emmenés captifs dans les pays étrangers.

SUITE DE L'ÉVANGILE.

« Jérusalem sera foulée aux pieds par les Gentils
« jusqu'à ce que le temps des nations soit ac-
« compli.

SUITE DU COUP D'OEIL SUR LES FAITS DU TEMPS.

Rome est foulée aux pieds par des Gentils qui ne
diffèrent des païens antiques que par l'onction du
Baptême que leur abjuration ne saurait effacer.

SUITE DE L'ÉVANGILE.

« Priez pour que votre fuite n'arrive pas en
« hiver, ni le jour du Sabbat : car alors la tribu-
« lation sera telle que, depuis le commencement du
« monde jusqu'ici, il n'y en a point eu de pareille,
« et qu'il n'y en aura jamais.

SUITE DU COUP D'OEIL SUR LES FAITS DU TEMPS.

Prions donc, et rendons-nous dignes d'être conduits par les Anges de Dieu dans les sentiers les moins pénibles de ces mauvais jours :

Car déjà ce cri se lève unanime de toute part : on n'a jamais vu pareille désastre ! Jamais semblable calamité ! Jamais une telle horreur !

SUITE DE L'ÉVANGILE.

« Et si Dieu n'eût abrégé ces jours, personne n'eût
« été sauvé ; mais il les abrégera en faveur des
« élus.

SUITE DU COUP D'OEIL SUR LES FAITS DU TEMPS.

Je désire, mon cher ami, que Dieu les abrége en notre faveur, et qu'il me gratifie de ce grand spectacle de la fin, comme je le serai du grand spectacle du Jugement général. J'y tremblerai, sans doute, mais d'une sainte et respectueuse frayeur, et aussi de pitié pour ceux qui m'ont persécuté.

SUITE DE L'ÉVANGILE.

« Il y aura des signes dans le soleil, dans la lune
« et dans les étoiles. Et sur toute la terre les na-
« tions seront consternées, à cause du bruit confus
« de la mer et des flots.

SUITE DU COUP D'OEIL SUR LES FAITS DU TEMPS.

Déjà les astres semblent déroger aux lois de l'ordre sublime dont les temps passés racontent à l'envi la propice influence et les nombreux bienfaits.

Les saisons sont bouleversées; le ciel est tour à tour brûlant ou diluvien; la terre, sensible à ces désordres, est devenue rebelle, avare, ingrate! Les vents et les tempêtes, d'une fréquence et d'une violence inouies, jettent sans cesse la consternation sur tous les points du globe.

SUITE DE L'ÉVANGILE.

« Les hommes sécheront de frayeur dans l'attente
« de tout ce qui doit arriver à tout l'univers.

SUITE DU COUP D'OEIL SUR LES FAITS DU TEMPS.

Le genre humain tout entier étouffe, gémit et languit dans l'anxieuse attente d'événements aussi inconnus que terribles . . . . Les justes tremblent . . . . l'épouvante est partout !

VOTRE AMI,   ******.

Dieppe. — Émile DELEVOYE, imprimeur.